AF143440

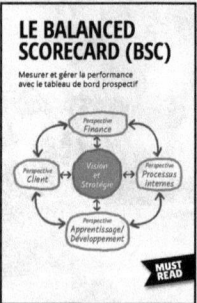
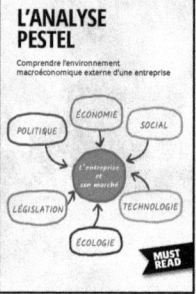

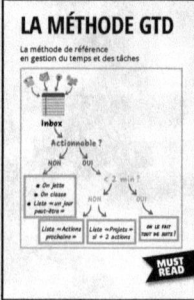

Une publication de Peter Lanore

LA MÉTHODE SCRUM

Gérer ses projets de manière agile

LA MÉTHODE SCRUM   5

Introduction de la méthode Scrum   5

Description de la méthode Scrum   6

Comment utiliser la méthode Scrum   8

Avantages et forces de la méthode Scrum   10

Inconvénients et limites de la méthode Scrum   11

Alternatives et modèles complémentaires
de la méthode Scrum   13

Applications de la méthode Scrum   15

Pour aller plus loin de la méthode Scrum   19

Conclusions et recommandations d'usage
de la méthode Scrum   20

LA MÉTHODE SCRUM

INTRODUCTION

La méthode Scrum est un cadre de travail utilisé pour la gestion de projet, notamment dans le développement de logiciels. Elle a été développée dans les années 1990 par Ken Schwaber et Jeff Sutherland. Les deux fondateurs ont créé la méthode en s'inspirant de pratiques éprouvées de l'industrie automobile et de la production de masse.

Ken Schwaber et Jeff Sutherland ont publié le premier livre sur la méthode Scrum en 2010, intitulé *Agile Software Development with Scrum*. Depuis lors, la méthode Scrum est devenue de plus en plus populaire, en particulier dans le développement de logiciels, mais aussi dans d'autres domaines.

La méthode Scrum est conçue pour être flexible et s'adapter aux changements de projet en cours de route. Elle se concentre sur la collaboration entre les membres de l'équipe et sur la fourniture de résultats de qualité de manière itérative et continue.

La méthode Scrum utilise des *sprints*, qui sont des itérations courtes et régulières de travail. Chaque *sprint* est suivi d'une réunion de rétrospective, qui permet à l'équipe de réfléchir sur ce qui a bien fonctionné et ce qui pourrait être amélioré. Cette approche itérative permet de s'adapter rapidement aux changements de projet et de fournir des résultats de qualité en continu.

DESCRIPTION

Voici les éléments qui donnent à la méthode Scrum toute son efficacité :

- **_backlog_ de produit**s : il s'agit de la liste de toutes les fonctionnalités et les tâches à réaliser pour atteindre l'objectif du projet ;

- **_sprints_** : la méthode Scrum utilise des _sprints_, qui sont des itérations courtes et régulières de travail, généralement de 1 à 4 semaines. Chaque _sprint_ commence par une réunion de planification ;

- **_daily_ scrum** : c'est une réunion quotidienne, où chaque membre de l'équipe partage les progrès réalisés depuis la dernière réunion et les défis rencontrés ;

- **_sprint review_** : c est une réunion de revue de _sprint_, où l'équipe examine le travail accompli ;

- **_sprint retrospective_** : durant cette réunion de revue de _sprint_, l'équipe examine le processus de travail et décide comment améliorer la performance de l'équipe pour le prochain sprint.

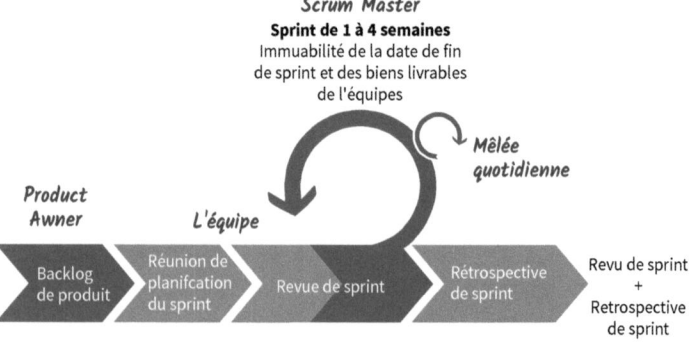

Un exemple de l'utilisation de la méthode Scrum est le développement d'un logiciel. L'équipe de développement travaille sur des fonctionnalités spécifiques en utilisant les itérations de *sprints*. Chaque *sprint* est centré sur un objectif spécifique, et l'équipe travaille pour atteindre cet objectif en utilisant le *backlog* de produits. Pendant chaque *sprint*, l'équipe tient des réunions quotidiennes pour surveiller les progrès et résoudre les problèmes rencontrés. À la fin du *sprint*, l'équipe tient des réunions de revue et de rétrospective pour améliorer le processus et le produit.

En résumé, la méthode Scrum est un cadre de travail pour la gestion de projet qui se concentre sur la collaboration entre les membres de l'équipe et la fourniture de résultats de qualité de manière itérative et continue. En utilisant des *sprints*, des réunions quotidiennes, des réunions de revue de *sprint* et des réunions de rétrospective, l'équipe de projet peut travailler de manière efficace et productive, tout en étant flexible et en s'adaptant aux changements de projet en cours de route.

 La méthode Scrum est largement utilisée par de nombreuses entreprises, en particulier dans le domaine du développement de logiciels. Voici quelques exemples de sociétés qui utilisent la méthode Scrum :

- Microsoft utilise la méthode Scrum pour le développement de nombre de ses produits logiciels, notamment Microsoft Office et Visual Studio ;

- IBM utilise la méthode Scrum pour le développement de ses produits logiciels, en se concentrant sur la création d'équipes interfonctionnelles et la collaboration avec les parties prenantes pour garantir la réussite du projet ;

- Spotify utilise la méthode Scrum pour la gestion de projet dans toute l'entreprise, en se concentrant sur la flexibilité et l'adaptabilité pour répondre aux besoins de ses clients.

Ces exemples montrent que la méthode Scrum est utilisée par des entreprises de toutes tailles et de toutes industries pour améliorer la gestion de leurs projets de développement de logiciels et d'autres types de projets. En utilisant la méthode Scrum, ces entreprises peuvent maximiser leur productivité et leur efficacité tout en restant flexibles et adaptatives face aux changements de projet.

COMMENT UTILISER LA MÉTHODE SCRUM

Voici comment utiliser la méthode Scrum dans un contexte de projet, en détail :

1. **créer un *backlog* de produits** : le projet commence par la création d'un *backlog* de produits, qui est une liste de toutes les fonctionnalités et les tâches à réaliser pour atteindre l'objectif du projet. Le *backlog* de produits est continuellement mis à jour et ajusté tout au long du projet pour refléter les changements dans les besoins du client ou de l'entreprise ;

- **organiser une équipe Scrum** : l'équipe Scrum est composée de membres de l'équipe de projet, qui travaillent ensemble pour réaliser les objectifs du projet. L'équipe doit être interfonctionnelle et capable de travailler ensemble pour atteindre les objectifs du projet ;

- **planifier les *sprints***: la méthode Scrum utilise des *sprints*, qui sont des itérations courtes et régulières de travail, généralement de 1 à 4 semaines. Chaque *sprint* commence par une réunion de planification, où l'équipe examine le *backlog* de produits et décide de la liste des fonctionnalités à accomplir pendant le *sprint*.

- **r**éunion quotidienne (*daily* scrum) : chaque jour, l'équipe tient une réunion, où chaque membre de l'équipe partage les progrès réalisés depuis la dernière réunion et les défis rencontrés. Cette réunion est courte, généralement de 15 minutes, et vise à synchroniser l'équipe et à résoudre les problèmes ;

- ***sprint review*** : à la fin de chaque *sprint*, l'équipe tient une réunion de revue de *sprint*, où elle examine le travail accompli et détermine si les objectifs du sprint ont été atteints. L'équipe présente également les résultats à la partie prenante du projet pour recueillir des commentaires ;

- ***sprint retrospective*** : après la réunion de revue de sprint, l'équipe tient une réunion de rétrospective de sprint, où elle examine le processus de travail et décide comment améliorer la performance de l'équipe pour le prochain sprint.

AVANTAGES ET FORCES

La méthode Scrum présente de nombreux avantages, dont les principaux sont les suivants :

- la méthode Scrum est une approche **flexible** de la gestion de projet qui permet aux équipes de s'adapter rapidement aux changements et de pivoter si nécessaire. Les équipes peuvent modifier les exigences du produit, les priorités et les fonctionnalités en cours de route ;

- la méthode Scrum est basée sur la **collaboration** entre les membres de l'équipe et l'interaction constante avec les parties prenantes. Elle encourage la communication ouverte et transparente entre les membres de l'équipe, ce qui permet de résoudre les problèmes plus rapidement et d'améliorer la qualité du produit ;

- la méthode Scrum permet une **livraison itérative** et incrémentale, ce qui signifie que l'équipe produit des versions de travail du produit régulièrement. Cela permet aux parties prenantes de donner leur avis sur le produit et de s'assurer que le développement est sur la bonne voie ;

- la méthode Scrum est conçue pour maximiser la **productivité** de l'équipe. Les sprints de deux à quatre semaines permettent aux membres de l'équipe de se concentrer sur un objectif spécifique et de produire des résultats concrets en peu de temps ;

- la méthode Scrum encourage la **transparence**, ce qui signifie que toutes les activités de l'équipe sont visibles et accessibles aux parties prenantes. Les réunions de planification, de revue et de rétrospective permettent de discuter de l'avancement du projet et de résoudre les problèmes rencontrés ;

- la méthode Scrum est basée sur l'**amélioration continue**. Lors des rétrospectives, l'équipe examine les pratiques actuelles et recherche des moyens d'améliorer leur efficacité. Cela lui permet de s'adapter constamment aux changements et de maximiser la qualité et la valeur du produit.

En résumé, la méthode Scrum est un *framework* agile puissant qui permet aux équipes de travailler de manière collaborative, flexible et efficace pour livrer des produits de haute qualité. La transparence, la livraison itérative, l'amélioration continue et la productivité sont quelques-unes des forces de la méthode Scrum qui en font un choix populaire pour la gestion de projets complexes.

INCONVÉNIENTS ET LIMITES

Bien que la méthode Scrum soit une approche populaire et efficace de la gestion de projet, elle peut présenter certains inconvénients et limitations. Voici quelques-uns des inconvénients et des limitations de la méthode Scrum :

- la méthode Scrum est **basée sur la collaboration étroite** entre les membres de l'équipe. Si l'équipe ne travaille pas bien ensemble, la méthode Scrum peut ne pas fonctionner ;

- la méthode Scrum **repose sur la participation active** des parties prenantes tout au long du projet. Si les parties prenantes ne sont pas disponibles ou ne participent pas activement, la méthode Scrum peut ne pas fonctionner ;

- la méthode Scrum est **très centrée sur le développement de logiciels** et peut ne pas être aussi efficace pour les projets de nature différente ;

- la méthode Scrum **nécessite une planification** et une gestion rigoureuses pour que les *sprints* soient efficaces. Si la planification n'est pas effectuée correctement, les résultats peuvent être insatisfaisants ;

- la méthode Scrum peut être **difficile à mettre en œuvre** pour les équipes qui n'ont pas d'expérience préalable de la gestion de projet ou de la méthodologie Agile ;

- la méthode Scrum peut nécessiter un **investissement initial important** en temps et en ressources pour mettre en place les pratiques et les outils nécessaires ;

- la méthode Scrum peut ne pas fonctionner si les membres de l'équipe n'ont pas **suffisamment de temps** pour travailler sur le projet ou sont régulièrement interrompus par d'autres tâches ;

- la méthode Scrum peut être **moins efficace pour les projets** qui nécessitent une planification à long terme et une prévisibilité accrue.

La méthode Scrum est donc une approche efficace de la gestion de projet, mais elle n'est pas adaptée à tous les types de projets et peut nécessiter une certaine planification et des ressources pour être mise en œuvre correctement. Les équipes doivent également être prêtes à collaborer étroitement et à travailler de manière itérative pour que la méthode Scrum soit efficace.

ALTERNATIVES ET MODÈLES COMPLÉMENTAIRES

La méthode Scrum est une approche agile de la gestion de projet qui se concentre sur la collaboration, la flexibilité et l'adaptabilité. Il existe d'autres méthodes et cadres de travail agile similaires à la méthode Scrum, qui peuvent être utilisés en fonction des besoins spécifiques du projet. Voici quelques exemples d'alternatives et de méthodes similaires à la méthode Scrum :

- **Kanban** est un système de gestion de flux de travail visuel, utilisé pour améliorer la productivité et la qualité des projets. Il se concentre sur la gestion de la charge de travail de l'équipe, en limitant le travail en cours et en maximisant la livraison continue de résultats ;

- **Lean** est une approche de gestion de projet qui se concentre sur l'élimination des gaspillages et des activités non productives. Il vise à maximiser la valeur pour le client tout en minimisant les coûts et les temps de livraison ;

- **Extreme Programming** (XP) est une méthode agile de développement de logiciels qui se concentre sur la livraison continue de résultats de haute qualité. Il se concentre sur la collaboration étroite entre les membres de l'équipe, les pratiques de développement de logiciels et les tests automatisés ;

- **Crystal** est une approche agile de gestion de projet qui se concentre sur la collaboration et la communication entre les membres de l'équipe. Il vise à maximiser la flexibilité et l'adaptabilité tout en fournissant des résultats de qualité de manière régulière et continue ;

- **Feature-Driven Development** (FDD) est une méthode agile de développement de logiciels qui se concentre sur la livraison continue de fonctionnalités de haute qualité. Il se concentre sur des pratiques de développement de logiciels spécifiques et sur la planification itérative des fonctionnalités ;

- **Dynamic Systems Development Method** (DSDM) est une méthode agile de développement de logiciels qui se concentre sur la livraison continue de résultats de qualité tout en respectant les limites de temps et de budget. Il se concentre sur la collaboration étroite entre les membres de l'équipe et sur l'adaptation aux besoins changeants du projet.

Bien que la méthode Scrum soit une méthode agile efficace de gestion de projet, il existe d'autres alternatives et méthodes similaires qui peuvent être utilisées en fonction des besoins spécifiques du projet. Les équipes de projet doivent choisir la méthode la plus adaptée pour leur projet en fonction de leurs objectifs, de leur niveau de collaboration et de communication, et de leur capacité à livrer des résultats de qualité de manière régulière et continue.

APPLICATIONS

Étude de cas 1 : développement logiciel

- *Backlog de produit* : l'équipe commence par créer le *backlog* de produits. Pour ce projet, le *backlog* de produits peut inclure des fonctionnalités telles que la création de pages d'inscription et de connexion, la création d'un système de paiement en ligne et la mise en place d'un chat en ligne pour le support client.

- *Sprint planning* : l'équipe organise ensuite une réunion de planification de *sprints* pour déterminer les fonctionnalités et les tâches à inclure dans le premier *sprint*. Pour ce projet, le premier *sprint* pourrait inclure la création d'une page d'inscription et de connexion.

- *Sprint* : l'équipe commence ensuite le *sprint*, en travaillant de manière itérative et collaborative pour achever les tâches du *sprint*, à savoir la création de la page d'inscription et de connexion. La durée du *sprint* peut varier en fonction des besoins du projet, mais, généralement, elle est comprise entre une et quatre semaines.

- *Daily Scrum* : chaque jour, l'équipe se réunit pour une réunion quotidienne, où chaque membre de l'équipe partage les progrès réalisés depuis la dernière réunion et les défis rencontrés. Cette réunion est courte, généralement de 15 minutes, et vise à synchroniser l'équipe et à résoudre les problèmes rencontrés lors du *sprint* en cours. Par exemple, dans le cas d'une page d'inscription, la discussion va inclure des aspects opérationnels liés à la structuration de l'information, le retour des erreurs, le captcha, etc.

- *Sprint review* : à la fin du *sprint*, l'équipe organise une réunion de revue de *sprint* pour examiner le travail accompli et déterminer si les objectifs du sprint ont été atteints. Pour ce projet, la revue de *sprint* pourrait inclure la présentation de la nouvelle page d'inscription et de connexion pour recueillir les commentaires de l'équipe et des parties prenantes du projet.

- *Sprint retrospective* : après la revue de sprint, l'équipe organise une réunion de rétrospective de *sprint* pour examiner le processus de travail et décider comment améliorer la performance de l'équipe pour le prochain *sprint*. Cela signifie passer en revue les étapes du sprint qui ont pris plus de temps, les éventuels bugs et imprévus rencontrés lors du développement et du déploiement de la page d'inscription et de connexion.

- *Sprints suivants* : l'équipe continue ensuite à travailler sur le projet en organisant des sprints supplémentaires et en ajustant le *backlog* de produits en fonction des changements dans les besoins du projet. Ainsi, typiquement, une fois que le *sprint* lié à la page d'inscription et de connexion est terminé, les prochains *sprints* concerneront par exemple l'espace membre, ses fonctionnalités et le parcours client.

En utilisant la méthode Scrum pour ce projet de développement de logiciels, l'équipe peut travailler de manière collaborative et itérative pour livrer des résultats de qualité de manière régulière et continue. Dans le cas présent, la méthode Scrum permet de rythmer le développement d'un site internet en différentes phases et de faciliter les relations et les allers-retours avec un client. La méthode Scrum est particulièrement intéressante pour des projets web complexes avec de multiples intervenants parce qu'elle permet aussi à l'équipe de s'adapter aux besoins changeants du projet, d'ajouter de nouvelles fonctionnalités en cours de projet et de maximiser la flexibilité et l'adaptabilité tout au long du processus de développement.

Étude de cas 2 : Dropbox

Il y a de nombreux cas pratiques qui illustrent la méthode Scrum, mais l'un des exemples les plus frappants est celui du développement de l'application de partage de fichiers Dropbox.

Lorsque Drew Houston, fondateur de Dropbox, a lancé l'entreprise en 2007, il a utilisé la méthode Scrum pour gérer la croissance rapide de l'entreprise et le développement de l'application. En utilisant la méthode Scrum, Houston a été en mesure de créer une équipe de développement hautement performante, en se concentrant sur la collaboration, la flexibilité et l'adaptabilité.

Dropbox a commencé par une petite équipe de développeurs, qui ont travaillé en utilisant la méthode Scrum pour créer l'application de partage de fichiers. Ils ont commencé par créer un *backlog* de produits, qui a évolué au fil du temps pour refléter les besoins changeants des utilisateurs.

Les développeurs ont travaillé par *sprints*, en se concentrant sur des fonctionnalités spécifiques à chaque fois. Chaque *sprint* était précédé d'une réunion de planification, où l'équipe décidait des fonctionnalités à inclure dans le *sprint*. Pendant chaque *sprint*, l'équipe tenait des réunions quotidiennes pour surveiller les progrès et résoudre les problèmes.

Après chaque *sprint*, l'équipe tenait une réunion de revue de *sprint* pour évaluer les résultats et une réunion de rétrospective de *sprint* pour améliorer le processus de travail. Cette approche itérative a permis à l'équipe de Dropbox de fournir des fonctionnalités de qualité de manière régulière et continue.

En utilisant la méthode Scrum, Dropbox a été en mesure de développer une application populaire et fiable, qui est devenue l'un des leaders du marché de la gestion de fichiers en ligne. L'approche de la méthode Scrum a permis à l'équipe de développement de s'adapter rapidement aux besoins changeants des utilisateurs et de fournir un produit de haute qualité en continu.

Cet exemple montre comment la méthode Scrum peut être utilisée pour améliorer la gestion de projet, en particulier dans le développement de logiciels. En utilisant des *sprints*, des réunions quotidiennes, des réunions de revue de sprint et des réunions de rétrospective, une équipe de projet peut travailler de manière efficace et productive, tout en étant flexible et en s'adaptant aux changements de projet en cours de route.

POUR ALLER PLUS LOIN

Si vous souhaitez en savoir plus sur la méthode Scrum et sur la façon de la mettre en œuvre dans votre projet, voici quelques lectures recommandées. En plus de ces livres, il existe de nombreux blogs, articles et ressources en ligne qui peuvent vous aider à en savoir plus sur la méthode Scrum et sur la façon de l'utiliser dans votre projet.

- *Le guide Scrum officiel*, de Ken Schwaber et Jeff Sutherland. Ce guide officiel de la méthode Scrum, publié par Scrum. org, fournit une description détaillée de la méthode Scrum et de ses principes de base. Ce guide est la source principale pour comprendre la méthode Scrum.

- *Agile Estimating and Planning* de Mike Cohn. Ce livre fournit des informations pratiques sur la façon d'estimer le temps nécessaire pour terminer un projet Scrum, ainsi que sur la planification et la mise en œuvre des sprints.

- *Scrum: The Art of Doing Twice the Work in Half the Time*r de Jeff Sutherland. Ce livre fournit un aperçu de la méthode Scrum, de son histoire et de son développement, ainsi que des conseils pratiques pour mettre en œuvre la méthode Scrum dans votre projet.

- *User Stories Applied: For Agile Software Development* de Mike Cohn. Ce livre fournit des informations sur la façon de créer des histoires utilisateur pour le *backlog* de produits Scrum et sur la façon de les utiliser pour planifier et mettre en œuvre des *sprints*.

- *Scrum Mastery: From Good To Great Servant-Leadership* de Geoff Watts. Ce livre fournit des informations sur la façon de devenir un maître Scrum efficace en se concentrant sur la communication, la collaboration et le leadership.

- *Scrum and XP from the Trenches* de Henrik Kniberg. Ce livre fournit des informations pratiques sur la façon de mettre en œuvre la méthode Scrum et la méthode XP dans des projets de développement de logiciels.

CONCLUSIONS ET RECOMMANDATIONS D'USAGE

La méthode Scrum est une approche agile de la gestion de projet qui est devenue très populaire dans le monde de l'industrie du développement de logiciels, mais elle peut être utilisée dans d'autres domaines également. La méthode Scrum permet aux équipes de travailler de manière collaborative et itérative, ce qui conduit à une livraison régulière et continue de résultats de haute qualité. La méthode Scrum est également très flexible et adaptable, ce qui permet aux équipes de s'adapter rapidement aux besoins changeants du projet.

Si vous envisagez d'utiliser la méthode Scrum pour votre projet, voici quelques recommandations d'usage à suivre :

- assurez-vous que l'équipe comprend la méthode Scrum et son fonctionnement, car elle peut être très différente de l'approche traditionnelle de gestion de projet ;

- créez un *backlog* de produits solide, car il est la clé de voûte de la méthode Scrum. Il doit refléter les objectifs et les besoins du projet ;

- organisez des *sprints* réguliers, car ils sont le cœur de la méthode Scrum. Ils permettent à l'équipe de travailler vraiment de manière itérative et collaborative ;

- tenez des réunions Scrum régulières, telles que la réunion de planification de *sprint*, la réunion quotidienne et la revue de *sprint*. Elles sont essentielles à la réussite de la méthode Scrum pour synchroniser l'équipe et résoudre les problèmes ;

- soyez flexible pour vous adapter rapidement aux besoins changeants du projet et modifier le *backlog* de produits et les *sprints* en conséquence.

En suivant ces recommandations d'usage, vous pouvez utiliser la méthode Scrum pour gérer efficacement votre projet et livrer des résultats de qualité de manière régulière et continue.

Votre avis nous intéresse !
Laissez un commentaire sur le site de votre librairie en ligne
et partagez vos coups de cœur sur les réseaux sociaux !

L'éditeur veille à la fiabilité des informations publiées, lesquelles ne pourraient toutefois engager sa responsabilité.

www.50minutes.com

ISBN version numérique : 9782808696562
ISBN version papier : 9782808696067
Dépôt légal : D/2023/12603/1980

Couverture : © Primento

Conception numérique : Primento, le partenaire numérique des éditeurs